Ulli Schubert

# Schuss, Tor und Sieg

Alles rund um
den Fußball

Illustrationen von Frank Rosenzweig
Fotos von Ronald Grunert-Held

Arena

*Ulli Schubert*
wurde 1958 in Hamburg geboren. Nach der Schule und unterschiedlichen Jobs wurde er Erzieher und arbeitete einige Jahre in einem Jugendzentrum. Nebenbei schrieb er Kritiken zu Kinder- und Jugendbüchern und entdeckte dabei den Spaß an der Schriftstellerei. Später war er als Sportreporter für Zeitungen und den Rundfunk tätig.
Heute schreibt er hauptsächlich für Kinder und Jugendlche.
Mehr Informationen über den Autor
findet ihr unter **www.ulli-schubert.de**

*Weitere lieferbare Bücher von Ulli Schubert im Arena Verlag:*
»Pokalfieber«
»Superquiz für Fußballfans«
»Die Reporterkids«
»Hooligan«

# Vorwort

Fußball ist ein tolles Spiel, doch wer glaubt, es sei so einfach, wie es vielleicht auf den ersten Blick aussieht, der irrt sich gewaltig. Viele Dinge müssen zunächst einmal verstanden werden, bevor man sich daranmachen kann sie zu trainieren. Übung macht bekanntlich den Meister. Eine problemlose Ballan- und -mitnahme, präzise Pässe über kurze und lange Distanzen, das geschickte Umspielen eines Gegenspielers, richtiges Freilaufen sowie intelligentes Angreifen und Verteidigen sind nur einige Elemente unserer Sportart, die korrekt ausgeführt werden müssen, wenn du ein richtig guter Fußballer oder eine richtig gute Fußballerin werden willst.

Doch bei allem, was wir auf dem Spielfeld tun, sollte immer der Spaß im Vordergrund stehen. Auch wenn nicht immer alles hundertprozentig gelingt, darfst du den Mut nicht verlieren, denn auch im Fußball gilt, dass noch kein Meister vom Himmel gefallen ist. Du wirst schnell erkennen, welch große Fortschritte sich bei regelmäßigem Training einstellen. Jeder große Fußballstar hat mal klein angefangen. Über einfachste Ballübungen haben sich diese Jungs und Mädchen im Laufe der Jahre eine große Perfektion angeeignet. Das Ziel, Profi zu werden, können jedoch nicht alle erreichen und dennoch lohnt sich der Aufwand, denn umso besser du eine Sache beherrschst, umso mehr Freude hast du an ihr.

Dieses Buch von Ulli Schubert soll dir das Fußballspiel etwas näher bringen und in dir die Begeisterung für unsere faszinierende Sportart wecken. Es birgt viele nützliche Informationen und gute Tipps, die für dich, als Einstieg in die große Welt des Fußballs, sehr hilfreich sein können.

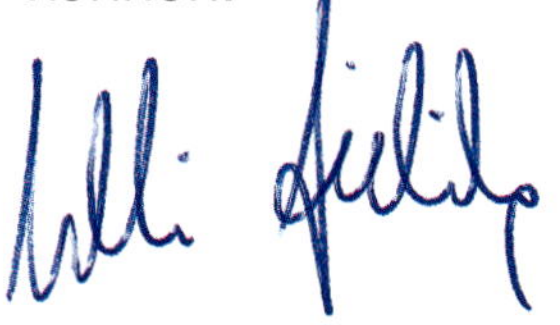

Ulli Stielike
DFB-Trainer

**In neuer Rechtschreibung**

Überarbeitete und aktualisierte Neuauflage 2004

Erschien erstmals unter dem Titel »Alles über Fußball« im Arena Verlag

Einband und Innenillustrationen: Frank Rosenzweig
Foto auf S. 60: firo;
alle übrigen Fotos von Ronald Grunert-Held
Gesamtherstellung: Westermann Druck Zwickau GmbH
ISBN 3-401-05314-0

# Inhalt

## Der Ball muss ins Tor – egal wie!

**F**ußball ist wirklich Klasse! Sich einfach einen Ball schnappen und rausgehen, auf den Spielplatz, den Rasen hinterm Haus, in den Park oder auf den Bolzplatz. Irgendwer wartet bestimmt schon, mit dem du kicken kannst.

Wenn du »nur so« spielst, also nicht im Verein, sondern draußen mit deinen Freunden, ist Fußball ziemlich einfach. Die Tore werden mit Jacken und Pullovern gebaut. Es ist dabei nicht so wichtig, ob die Pfosten 7,32 Meter voneinander entfernt sind wie bei einem richtigen Tor. Und die Höhe des Tores könnt ihr ja schätzen. Die Regeln bestimmt ihr selbst – und Schiedsrichter seid ihr alle zusammen. Also: Zwei Mannschaften gewählt, und los ...

Wenn du in einem Verein spielst, ist alles anders als beim Kicken im Park. In einer Mannschaft sind nur Spieler, die ungefähr gleich alt sind. Bei der G-Jugend (U7) spielen die Fünf- und Sechsjährigen. Die Kicker in dieser jüngsten Altersklasse nennt man auch »Bambini«. Danach kommt die F-Jugend (U9) für die Sieben- bis Achtjährigen. Bis zur D-Jugend (U13), das ist die Altersklasse für die Elf- und Zwölfjährigen, können Jungen und Mädchen noch gemeinsam in einer Mannschaft spielen.
Jeder Verein hat sein eigenes Wappen und spezielle Vereinsfarben. Die Farben von Borussia Dortmund sind zum Beispiel Gelb und Schwarz, die von Schalke 04 Blau und Weiß. Jede Mannschaft eines Vereins hat Trikots in den Vereinsfarben. Oft sehen die Trikots der Mannschaften von den Bambini bis zu den Alten Herren genau gleich aus.
Und noch etwas ist anders als beim Kicken im Park: Im Verein wird nicht einfach drauflosgespielt. Das regelmäßige Training gehört dazu!
Doch egal, ob du im Park herumkickst oder im Verein spielst, die Hauptsache bleibt: Der Ball muss ins Tor! Und damit das klappt, findest du in diesem Buch jede Menge Tipps und Tricks.

## Wozu Training?

**F**ußball spielen macht Spaß. Wenn du trainierst, wirst du immer besser. Und gut Fußball spielen macht ... richtig: noch mehr Spaß!
Keine Panik. Niemand wird als Spitzen-Fußballer geboren. Und selbst die weltbesten Kicker quälen sich jeden Tag beim Training. Sie laufen, spurten, üben Pässe schlagen und den Ball stoppen, damit sie das Fußballspielen nicht verlernen. Und auch, um neue Tricks mit der Mannschaft einzuüben.
Fußball ist ein Mannschaftssport. Es nützt gar nichts, wenn du ein Super-Fußballer bist, aber deine Mitspieler auf deine Ideen nicht eingehen können, weil sie nicht wissen, was du vorhast. Das Training ist also auch dazu da, dass sich die Spieler einer Mannschaft aufeinander einspielen können.
Ärgere dich nicht, wenn das »blinde Zusammenspiel« in deiner Mannschaft nicht auf Anhieb klappt. So etwas dauert. Selbst die Profis in der Bundesliga benötigen eine gewisse Eingewöhnungszeit, wenn sie den Verein gewechselt haben.
Die meisten Jugendmannschaften trainieren ein- oder zweimal in der Woche. Das reicht aus, um das Fußballspielen zu lernen und langsam besser zu werden.
Du selbst kannst jedoch noch eine Menge mehr tun. Versuche das, was du im Training lernst, auch beim Spielen mit deinen Freunden umzusetzen. Oder schlage ihnen ein richtiges Fußballtraining vor! Dann bist du der Trainer und zeigst, was du schon alles gelernt hast.
Natürlich kannst du auch alleine trainieren. Morgens vor dem Frühstück machst du die gymnastischen Übungen, die du vom Training kennst. Oder du joggst ein paar Runden ums Haus. Wenn du in der Schule viele Hausaufgaben aufbekommen hast: Leg zwischendurch eine Pause ein (deine Eltern werden das sicherlich verstehen) und übe das Jonglieren mit dem Ball.
Hast du Lust bekommen? Also los, blätter um – auf den nächsten Seiten findest du noch viele weitere Ideen.

*Oben: Fußball ist ein Mannschaftssport.*
*Unten: Das Jonglieren mit dem Ball.*

## Das Aufwärmen

Vor dem Spiel solltest du dich bewegen, um langsam auf Touren zu kommen. Du musst dich »warm machen«. Dafür gibt es einige gute Übungen wie zum Beispiel Rumpfbeugen, Grätschsitz, Oberschenkel-Dehnen und Auf-der-Stelle-Hüpfen. Wahrscheinlich kennst du diese und andere Übungen auch aus dem Sportunterricht in der Schule. Das Aufwärmen ist wichtig, damit du unnötige Reizungen, Zerrungen oder gar Muskelfaserrisse möglichst vermeidest.
Du bist aufgewärmt, wenn dir die Bewegungen leichter fallen, wenn sie geschmeidiger werden. Außerdem fängst du an leicht zu schwitzen.
Auch beim Training solltest du natürlich nicht lospreschen, sondern langsam beginnen. Beim Laufen kann man sich prima warm machen. Doch alleine um den Platz zu traben ist öde! Viel mehr Spaß macht es mit dem Ball. Du kannst alleine das Dribbeln üben (wie das geht, steht auf Seite 15). Oder schnappe dir einen Mitspieler und dann spielt ihr euch den Ball im Laufen zu. Wenn das Zuspiel gut klappt, vergrößert den Abstand zwischen euch. Oder verschärft das Tempo.
Spaß macht auch das Laufen und Passen mit drei oder mehreren Spielern. Ihr trabt im Kreis mit einem Abstand von mehreren Metern. Der ballführende Spieler passt den Ball zu dem vor ihm laufenden. Der nimmt den Ball an, läuft damit ein paar Schritte und spielt ihn weiter zu seinem Vordermann. Dabei gibt es aber einen Haken: Wenn der Spieler, der gerade den Ball hat, »Ruckzuck« ruft, machen alle kehrt

und laufen andersherum. Du kannst mit deinen Mitspielern noch andere Spiele spielen, um dich aufzuwärmen. Kennst du diese hier schon?

## Spielideen

*Schatten-Dribbling*
Ein Spieler läuft voraus, der zweite Spieler folgt ihm. Alles, was der erste Spieler vormacht, muss der zweite Spieler nachmachen. Der erste kann sich alles Mögliche ausdenken: schnell oder langsam laufen, vorwärts, rückwärts, seitlich. Er kann mit dem Ball jonglieren und Liegestütze oder Rumpfbeugen machen. Nach einer festgelegten Zeit oder wenn die beiden die andere Platzseite erreicht haben, werden die Rollen vertauscht.

*Lebender Tunnel*
Alle Spieler einer Mannschaft stehen dicht hintereinander mit gegrätschten Beinen. Der erste Spieler schießt den Ball durch den »Bein-Tunnel« nach hinten. Der letzte Spieler muss den Ball annehmen und an den anderen vorbei nach vorne dribbeln. Dann schießt er den Ball durch den Tunnel. Das Spiel ist zu Ende, wenn der allererste Spieler wieder vorne steht.
Ihr könnt den »Lebenden Tunnel« auch mit zwei Mannschaften als Staffel-Wettlauf spielen.

*Jeder gegen alle*
Die Spieler fassen sich an der Hand und bilden einen engen Kreis. Ein Ball wird in die Kreismitte geworfen. Jeder versucht nun den Ball aus dem Kreis zu schießen. Es wird nur flach geschossen und die Hände dürfen nicht losgelassen werden. Der Spieler, dem der Ball durch die Beine geschossen wird (Beinschuss), muss ausscheiden. Sieger sind die drei, die zum Schluss übrig bleiben.

## Durchhalten bis zum Abpfiff

Für jeden Fußballspieler ist eine gute Kondition wichtig. Dazu gehört Ausdauer, aber auch eine möglichst große Beweglichkeit. Du hast bestimmt schon mal einen »Schlangenmenschen« im Zirkus gesehen. Das sind die Menschen, die scheinbar gar keine Knochen haben oder nur welche aus Gummi. Sie können ihren Körper fast unmenschlich verbiegen. Keine Angst: Um Fußball zu spielen, musst du deinen Fuß nicht über den Kopf ziehen können oder dich in ein winziges Aquarium zwängen. Doch während eines Spieles kommt es häufig vor, dass du mitten im Laufen die Richtung ändern musst. Zum Beispiel, wenn du angegriffen wirst und dein Gegenspieler plötzlich nicht links, sondern rechts an dir vorbeizieht. Oder wenn du den Ball aus der Luft direkt weiter-

spielen willst. Oder wenn eine Flanke abgefälscht wird. Oder wenn du beim Elfmeter anläufst und dich erst im letzten Moment entscheidest den Ball nicht in die rechte, sondern in die linke Ecke zu schießen ...
Ein bisschen Beweglichkeit schadet also auch einem Fußballer nicht. Aber fast jeder Fußballspieler findet die Gymnastik beim Training schrecklich. Dabei sind die Dehn- und Streckübungen wichtig, damit du beweglich wirst. Wenn du deinen Körper gut beherrschst, kannst du im Spiel schneller reagieren. Das hilft dir auch Verletzungen zu vermeiden!
Ausdauer brauchst du, um auch in der zweiten Halbzeit noch eine gute Leistung bringen zu können. Viele Fußballer machen am Ende eines Spieles Fehler. Sie können sich nicht mehr konzentrieren, weil ihnen die Kraft, die Ausdauer fehlt. Oder sie können nicht mehr richtig laufen, weil sie Seitenstiche haben. Deshalb fallen in den letzten Spielminuten so viele Tore und nicht wenige Spiele gehen noch verloren.
Der Dauerlauf ist gut geeignet, um die Ausdauer zu trainieren. Dabei gibt es zwei Möglichkeiten. Du läufst möglichst regelmäßig, also zum Beispiel jeden Tag eine bestimmte Zeit (ca. eine halbe Stunde). Wenn du das drei Wochen lang durchhältst, wirst du spüren, dass dir das Laufen immer leichter fällt. Wichtig ist dabei, dass du gleichmäßig läufst, also immer im gleichen Tempo.
Bei der zweiten Methode teilst du die Zeit auf: Zum Beispiel zehn Minuten Dauerlauf, fünf Minuten Pause. Danach läufst du wieder zehn Minuten, allerdings etwas schneller. Nach weiteren fünf Minuten Pause steigerst du dein Tempo noch einmal für zehn Minuten. Du sollst aber nicht rennen! Es ist wichtiger, dass du durchhältst.

## Der Ball ist rund ...

... und damit gar nicht so leicht zu beherrschen. Auf den nächsten Seiten kannst du lesen, wie man dribbelt, einen Pass schlägt, den Ball richtig annimmt und noch einiges mehr.
Hast du eigentlich schon einen eigenen Ball? Natürlich brauchst du keinen superteuren Lederball der Spitzenklasse, wie er in der Bundesliga benutzt wird. Du kannst auch mit einem Plastikball trainieren. Oder mit einem Softball. Manchmal sind diese Bälle sogar für den Anfang besser, damit du dich nicht verletzt.
Aber auf Dauer ist es schon gut, wenn du beim Training einen Ball benutzt, der so ähnlich ist wie die Bälle, mit denen Spiele ausgetragen werden, damit du dich an ihn gewöhnen kannst.
In einem offiziellen Spiel, also einem Punkt- oder Pokalspiel, darf nämlich nicht mit irgendeinem Fußball gespielt werden. Er muss einen Umfang von mindestens 68 und höchstens 70 Zentimetern haben und darf nur zwischen 410 und 450 Gramm wiegen. Beim Jugendfußball ist der Ball allerdings etwas kleiner und auch leichter: Er muss einen Umfang zwischen 63,5 und 66 Zentimetern haben und darf von 350 bis 390 Gramm wiegen.

## Das Dribbeln

Ein berühmter Trainer hat einmal gesagt: »Nicht der Spieler, sondern der Ball muss laufen.« Das stimmt. Doch während eines Spieles kommt es oft vor, dass du den Ball hast und ihn nicht abgeben kannst oder willst. Zum Beispiel, wenn keiner deiner Mitspieler frei steht. Oder wenn du erst einen Gegner ausspielen musst. Oder wenn du schon dicht vor dem gegnerischen Tor bist und versuchst in eine gute Schussposition zu kommen. Dann musst du mit dem Ball laufen. Das nennt man Dribbling.
Beim Dribbling ist es wichtig, dass du den Ball möglichst dicht an deinem Fuß führst. Wenn du ihn zu weit wegspringen lässt, ist es für den Gegner leicht dir den Ball abzunehmen.
Das Dribbeln kannst du, wie fast alles beim Fußball, trainieren. Aber Vorsicht: Es hat sich schon so mancher Dribbel-König festgefummelt. In der Regel ist es immer besser, den Ball zu einem frei stehenden Mitspieler zu passen!

*So übst du das Dribbeln*
Lauf mit dem Ball am Fuß über den Fußballplatz. Fang langsam an. Wenn du dich sicher fühlst und der Ball nicht mehr so häufig zu weit wegrollt, kannst du dein Tempo steigern. Wenn auch das gut klappt, versuche im Kreis zu laufen. Suche dir zwei Hindernisse, um die du in der Form einer Acht herumdribbelst. Oder baue dir eine Strecke mit mehreren Hindernissen, um die du im Slalom herumläufst.
Und nicht vergessen: Fang immer langsam an. Es ist erst mal nicht wichtig, dass du schnell bist, sondern dass du sicher mit dem Ball laufen kannst. Schneller wirst du dann von ganz alleine!

## Das Passen

Eine ganz wichtige Sache beim Fußball ist der Pass zum Mitspieler. Denn Fußball ist ein Mannschaftssport. So toll es auch aussieht, wenn ein Spieler über den ganzen Platz dribbelt und dabei einen Gegner nach dem anderen ausspielt – erfolgreicher ist meistens die Mannschaft, die gut zusammenspielt.
Es gibt verschiedene Möglichkeiten einen Pass zu spielen.

*Der Innenseitstoß*
Dabei wird der Ball mit der inneren breiten Fläche des Fußes geschossen. Der Innenseitstoß eignet sich gut, um einen möglichst genauen Pass über eine kurze Entfernung zu spielen, etwa bei einem Doppelpass.

*Der Innenspannstoß*
Die meisten Pässe werden mit dem Innenspann gespielt. Der Innenspann ist die vordere innere Seite des Fußes. Bei dem Innenspannstoß hast du mehr Kraft als beim Innenseitstoß. So kannst du lange Pässe spielen, hohe Flanken schlagen oder auf das Tor schießen. Achte darauf, dass du beim Schuss dein Gewicht auf das Standbein verlagerst und dass der Fuß gestreckt und das Fußgelenk fixiert ist. Das erreichst du, indem du die Zehen leicht nach oben ziehst.

*Der Außenspannstoß*

Das Prinzip funktioniert wie beim Innenspannstoß, nur eben mit der Außenseite. Du wendest den Außenspannstoß bei einem gezielten Torschuss an. Besonders gut geeignet ist er, um den Ball im Laufen seitlich abzuspielen.

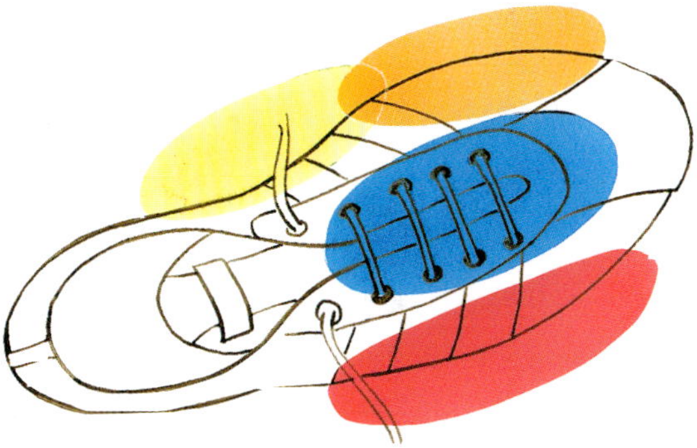

*Der Vollspannstoß*

Mit dem Vollspann schießt du zumeist, wenn du aus dem Dribbling heraus einen Torschuss versuchst, bei einem Freistoß oder einem Steilpass. Dabei triffst du den Ball mit der vorderen Oberseite des Fußes.

*So übst du das Passen*

Den zielgenauen Pass kannst du gut üben, wenn du alleine bist: Stelle in einiger Entfernung ein paar Ziele nebeneinander auf – Dosen, leere Jogurtbecher oder ähnliches. Versuche sie der Reihe nach umzuschießen. Du kannst die Ziele auch auf eine Mauer stellen, um das Flanken zu üben.

Und noch ein Tipp: Trainiere immer mit beiden Füßen, auch mit deinem schwachen! Im Spiel kannst du es dir manchmal nicht aussuchen, mit welchem Fuß du den Ball schießt.

*Penalty*

Der Penalty ist so etwas wie der Elfmeter beim Eishockey. Auf den Fußball übertragen, kannst du so gleichzeitig das Dribbeln und das Passen üben: Du läufst an der Mittellinie los, dribbelst zwanzig, fünfundzwanzig Meter. An der Strafraumgrenze steht ein Mitspieler. Dem passt du im Laufen den Ball zu. Er muss ihn sofort schräg nach vorne weiterpassen (Doppelpass). Du rennst weiter und schießt aus vollem Lauf aufs Tor. Trainiere auch diese Übung von beiden Seiten, spiele den Pass entweder mit dem Innenspann oder mit dem Außenspann.

*Kegeln mit Wächter*

Auf dem Fußballplatz werden neun Kegel aufgestellt. Vor diesen Kegeln steht ein Wächter. Im Abstand von ungefähr fünf Metern stellen sich vier Spieler auf. Ihre Aufgabe ist, sich möglichst schnell und genau den Ball zuzuspielen, bis der Weg frei ist, um die Kegel umzuschießen. Der Wächter versucht hingegen den Ball abzuwehren. Schafft er es, darf er den Platz mit dem Schützen tauschen.

*Völker-Fußball*

Das Spiel ist so ähnlich wie Völkerball – nur mit den Füßen. Zwei Mannschaften stehen sich in einem unterteilten Feld gegenüber. Jede Mannschaft versucht nun die Gegner »abzuschießen«. Dabei gelten als Trefferzone nur die Unterschenkel und die Füße. Wer getroffen wird, muss sich außerhalb der Spielfeldbegrenzung der gegnerischen Mannschaft aufstellen. Aber er darf weiterhin mitspielen. Wenn er einen Gegner trifft, ist er erlöst und darf wieder zurück ins eigene Feld. Gewonnen hat die Mannschaft, die zuerst alle Gegner »abgeschossen« hat.

**Vorsicht, der Ball kommt!**

Wie man einen Pass spielt, weißt du jetzt. Was aber machst du, wenn dir jemand den Ball zuspielt? Na klar: den Ball annehmen.
Bei der Ballannahme gibt es zwei wichtige Grundregeln.

1. Geh dem Ball entgegen! Wenn ein Mitspieler dich anspielt, dann warte nicht, bis der Ball bei dir angekommen ist. Je länger der Ball unterwegs ist, desto leichter kann dein Gegenspieler den Pass abfangen.
2. Achte darauf, dass dir der Ball bei der Annahme nicht zu weit wegspringt! Auch das gibt dem Gegner die Chance in Ballbesitz zu kommen.

Du kannst einen Ball mit jedem Körperteil annehmen – außer natürlich mit der Hand und dem Arm. Wenn der Ball flach kommt, stoppst du ihn am besten mit dem Innenspann. Dabei bewegst du deinen Fuß dem Ball entgegen, um ihn in dem Moment, wo du den Ball triffst, leicht zurückzunehmen. Du kannst den Ball auch mit der Sohle oder dem Vollspann stoppen.
Hohe Bälle stoppst du entweder mit dem Oberschenkel oder der Brust. Mit der Brust nimmst du den Ball so an: Du neigst den Oberkörper etwas zurück. Zugleich presst du die Arme mit den Ellenbogen leicht an deinen Körper. Jetzt ist dein Brustkorb leicht gespannt. Wenn der Ball deine Brust trifft, prallt er nach oben ab und fällt dir vor die Füße. Wenn du den Ball nicht stoppen, sondern ihn »mitnehmen« willst, nimmst du dafür den Außenspann.

*So übst du die Ballannahme*
Genau wie das Passen kannst du auch das Stoppen gut alleine trainieren. Schieße gegen eine möglichst glatte Mauer und versuche den zurückspringenden Ball unter Kontrolle zu bringen. Um das Stoppen halbhoher und hoher Bälle zu üben, kannst du ihn auch gegen die Mauer werfen. Trainiere immer alle Möglichkeiten einen Ball anzunehmen. Und übe das Stoppen nicht nur mit deinem »starken« Fuß, sondern auch mit dem anderen!

Wenn dir das Trainieren alleine zu langweilig ist, kannst du die gleichen Übungen natürlich mit einem oder mehreren Mitspielern machen. Einer schießt oder wirft gegen die Mauer und ruft den Namen eines Mitspielers. Der muss nun versuchen den Ball zu stoppen. Danach darf er ihn gegen die Mauer spielen und einen Namen rufen.

*So sieht die richtige Ballannahme aus.*

## Spiel mit Köpfchen

Jeder Angriffsspieler träumt davon, eine hohe Flanke mit einem gekonnten Kopfball ins Tor zu wuchten. Und ein Abwehrspieler wird von allen gefeiert, wenn er für den schon geschlagenen Torwart einen Schuss von der eigenen Torlinie köpft.

Aber Vorsicht! Das Kopfballspiel kann sehr gefährlich sein. Wenn du einen Ball mit dem Kopf falsch triffst, kann es passieren, dass du eine Gehirnerschütterung oder sogar Schlimmeres davonträgst. Und es kommt nicht selten vor, dass zwei Spieler gleichzeitig zum Ball gehen und mit den Köpfen zusammenprallen. Das tut zumindest höllisch weh. Da kannst du schon von Glück reden, wenn du keine Platzwunde hast, die genäht werden muss!

Doch selbst wenn du alles richtig machst und mit niemandem zusammenprallst, können Kopfbälle gefährlich sein. Deine Nackenmuskulatur ist noch nicht besonders kräftig. Du kannst dir Verletzungen zuziehen, die du manchmal nicht sofort, aber dafür später zu spüren bekommst.

Deshalb: Spiele mit Köpfchen – verzichte möglichst auf den Kopfball! Natürlich kannst du trotzdem das Kopfballspiel trainieren. Aber benutze dann einen leichten Plastikball oder einen Softball.

# Die Regeln

Wie bei jedem Spiel gelten auch beim Fußball gewisse Regeln. Diese Regeln sind international, das heißt, dass sie überall auf der Welt (fast) gleich sind. Auf den nächsten Seiten findest du die wichtigsten Regeln.

## Abmessungen

Du weißt bestimmt, dass ein Fußballtor 7,32 Meter breit und 2,44 Meter hoch ist. Und dass eine Abwehr, wenn sie bei einem Freistoß eine Mauer aufbaut, mindestens 9,15 Meter Abstand zum Ball einhalten muss. Aber hast du dich auch schon einmal gefragt, warum diese Maße so »krumm« sind?
Das liegt daran, dass der Fußball aus England kommt. Zwar wurde schon vor über 5 000 Jahren in China so etwas wie Fußball gespielt. Doch der moderne Fußball wurde in England erfunden. Deshalb wird England auch das »Mutterland des Fußballs« genannt. Und dort gibt es andere Maße als in Deutschland.
Als das Tor erfunden wurde, sollte es acht Yards breit und acht Feet hoch sein. Ein *yard* sind 91,5 Zentimeter, ein *foot* sind 30,5 Zentimeter. Das ergibt umgerechnet genau 7,32 Meter Breite und 2,44 Meter Höhe.
So sind auch die übrigen Abmessungen beim Fußball entstanden. Die 9,15 Meter Abstand bei einem Freistoß sind ursprünglich zehn Yards, also gar keine »krumme« Zahl. Der Durchmesser des Mittelkreises ist übrigens zwei mal 9,15 Meter.
Diese Maße gelten nur für den normal großen Platz. Die jüngsten Fußballer und die 7er-Mannschaften spielen jedoch auf einem verkleinerten Fußballfeld. Das Tor ist nur 5 Meter breit und 2 Meter hoch. Der Strafraum ragt statt 16 Meter nur 11 bis 12 Meter in das Feld hinein und der »Elfmeter-Punkt« ist nur 8 Meter vom Tor entfernt. Die genauen Abmessungen kannst du dir auf der nächsten Seite anschauen. Das Spielfeld für die jüngeren Fußballer ist in Rot eingezeichnet.

## Das Spielfeld

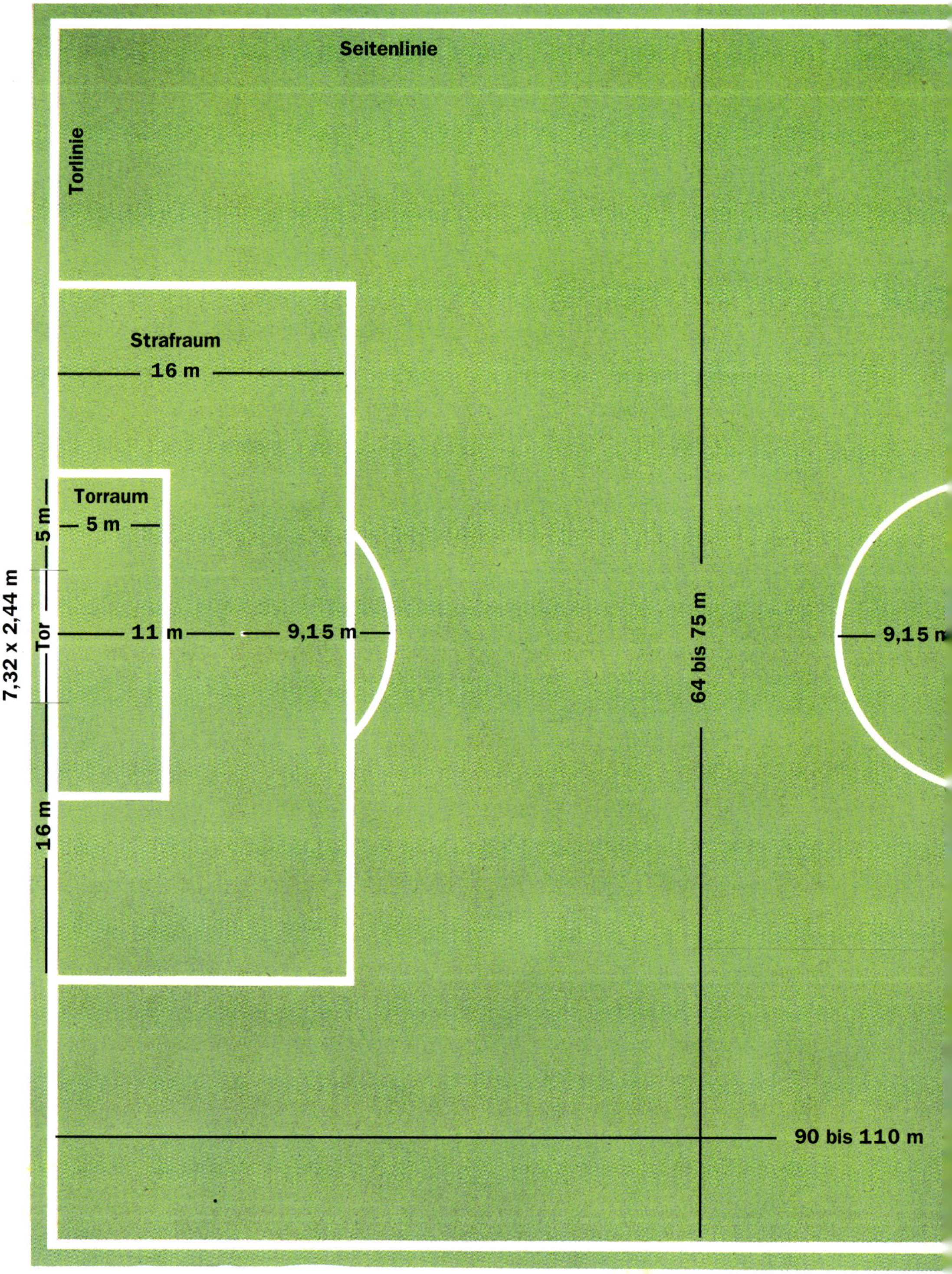

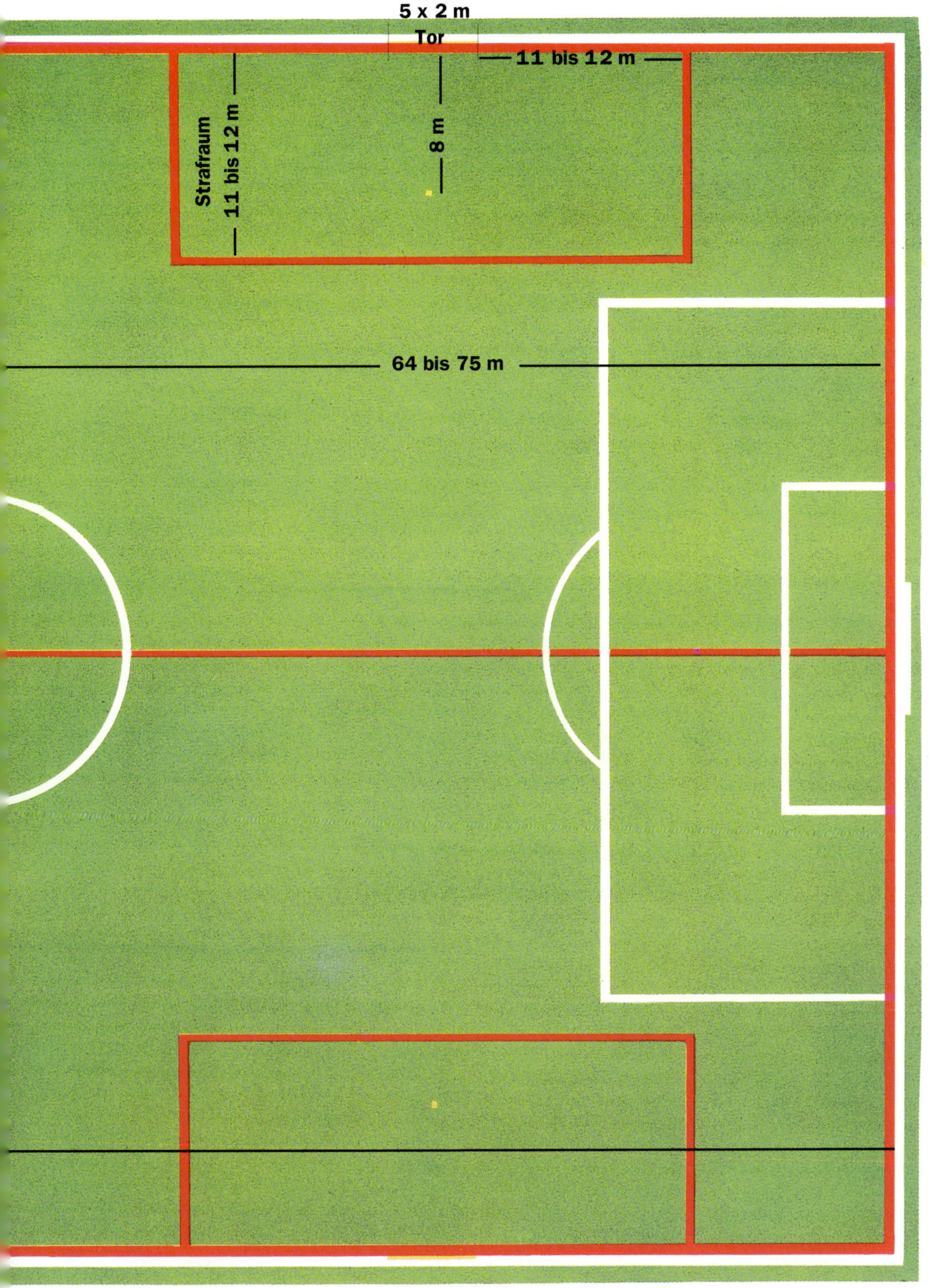
5 x 2 m
Tor
11 bis 12 m
Strafraum
11 bis 12 m
8 m
64 bis 75 m

*Die Anzahl der Spieler*

In einem Fußballspiel besteht jede der beiden Mannschaften aus bis zu elf Spielern. Einer davon ist der Torwart. Im Notfall darf eine Mannschaft auch aus weniger als elf Spielern bestehen; es müssen jedoch mindestens sieben Spieler antreten, sechs Feldspieler und der Torwart.

In einem Punkt- oder Pokalspiel dürfen bis zu drei Spieler und der Torwart ausgewechselt werden.

Im Jugendbereich gibt es auch Staffeln für 7er-Mannschaften. Dort müssen mindestens fünf Spieler auflaufen.

*Die Spieldauer*

Am kürzesten dauert ein Spiel bei den F-Junioren (U9). Die bis zu acht Jahre alten Fußballer spielen 2 x 20 Minuten. Danach steigert sich die Spieldauer von Altersklasse zu Altersklasse um 2 x 5 Minuten. In der E-Jugend (U11), also bei den Neun- und Zehnjährigen, wird 2 x 25 Minuten gespielt. Wenn du elf oder zwölf Jahre alt bist, spielst du bei den D-Junioren (U13). Da dauert ein Spiel schon eine Stunde, nämlich 2 x 30 Minuten. Um das durchzuhalten, brauchst du eine gute Kondition. Aber zum Glück gibt es in jedem Spiel eine Halbzeitpause von mindestens fünf und höchstens fünfzehn Minuten, in der du neue Kraft schöpfen kannst.

## Standard-Situationen

In vielen Fußball-Mannschaften gibt es Spezialisten, die bestimmte Dinge besonders gut können. Vor allem bei den Profis.

Wenn du dir ein Fußballspiel genau ansiehst, wirst du feststellen, dass oft ein bestimmter Spieler über den halben Platz läuft, um einen Eckball zu treten oder um einen Einwurf zu machen. Manche Einwürfe sind so gefährlich wie Flanken! Besonders gefragt ist das Können von Freistoß-Experten. Auch in der Bundesliga fallen viele Tore durch direkt verwandelte Freistöße.

*Besser wäre ein Schuß mit Effet in die linke Ecke gewesen.*

Freistöße, Eckbälle und Einwürfe – die Sportreporter und Fußballspieler sagen dazu »Standard-Situation«. Das heißt, dass sich viele Spielsituationen ähneln, weil sie immer wieder so oder ähnlich während eines Spieles vorkommen. Das liegt daran, dass in allen Spielen Freistöße, Ecken und Einwürfe ausgeführt werden. Deshalb müssen Freistoß-Tricks und verschiedene Eckstöße im Training geübt werden.

## Der Abstoß

Wenn der Ball die Torlinie überquert und die angreifende Mannschaft ihn zuletzt berührt hat, gibt es einen Abstoß. Das heißt, dass ein Spieler der verteidigenden Mannschaft den Ball von irgendeinem Punkt innerhalb des Torraumes nach vorne schießen darf. Wenn der Torwart den Abstoß selbst ausführt, darf er den Ball dafür natürlich nicht in die Hand nehmen! Wusstest du übrigens, dass aus einem Abstoß direkt ein Tor erzielt werden darf?! Jedenfalls theoretisch. Praktisch kann aber wohl niemand so weit schießen. Oder?

## Der Schiedsrichter-Ball

Wenn ein Spieler sich verletzt, ohne dass er gefoult wurde, muss das Spiel natürlich trotzdem unterbrochen werden, damit er behandelt oder vom Platz getragen werden kann. Eine Spielunterbrechung gibt es aber auch, wenn zum Beispiel ein Hund auf den Platz stürmt und in den Ball beißt. Oder wenn plötzlich eine Entenfamilie über den Platz watschelt. Oder wenn der Ball Luft verliert. So etwas passiert zwar selten, hat es aber alles schon gegeben. Nach solchen Unterbrechungen wird das Spiel mit einem Schiedsrichterball fortgesetzt. Dabei lässt der Schiedsrichter den Ball zwischen je einem Spieler beider Mannschaften aus Hüfthöhe fallen. Doch erst, wenn der Ball den Boden berührt hat, wird das Spiel fortgesetzt.

*Rechts: So sieht ein schulmäßiger Einwurf aus.*

## Der Einwurf

Wenn der Ball die Seitenlinie überquert, gibt es einen Einwurf. Den darf die Mannschaft ausführen, die den Ball nicht zuletzt berührt hat. Allerdings machen nicht wenige Spieler falsche Einwürfe. Wenn der Schiedsrichter das sieht, pfeift er ab. Dann darf die andere Mannschaft einwerfen.
Das wird dir nicht passieren, wenn du folgende Regeln beachtest:
Bei einem Einwurf müssen beide Füße auf dem Boden sein, und zwar entweder auf der Seitenlinie oder außerhalb des Spielfeldes! Der Ball soll mit beiden Händen von hinten über den Kopf geworfen werden. Und: Du darfst nach dem Einwurf den Ball nicht mit dem Fuß spielen, bevor ein anderer Spieler den Ball berührt hat.
Ein Einwurf kann im Spiel einen gefährlichen Angriff einleiten. Es kommt also darauf an, dass du den Einwurf sicher beherrschst. Und dass du dorthin wirfst, wo ein Mitspieler steht, damit der Ball in eurem Besitz bleibt.
Am besten übst du den richtigen Einwurf. Entweder alleine an einer Mauer, indem du versuchst bestimmte Ziele zu treffen. Oder zusammen mit einem Mitspieler; einer wirft ein und der andere muss versuchen den Ball zu fangen. Oder ihr kombiniert zwei Übungen miteinander: den Einwurf und die Ballannahme!
Du wirst sehen, so schwer ist der richtige Einwurf nicht.

## Drei Ecken – Elfer

Bestimmt kennst du diese Regel vom Spielen im Park. Da werden Eckstöße nicht ausgeführt, sondern gezählt. Wenn eine Mannschaft drei Ecken erreicht hat, gibt es dafür einen Elfmeter. Das ist eine witzige Idee, doch beim »normalen« Fußball gibt es diese Regel nicht. Aber auch so entstehen viele Tore aus einem Eckball heraus.

Einen Eckstoß gibt es, wenn der Ball die Torlinie überquert und die verteidigende Mannschaft den Ball zuletzt berührt hat. Die Ecke muss von der richtigen Seite ausgeführt werden. Sie wird aus dem Viertelkreis um die Eckfahne herausgespielt, wobei du die Eckfahne nicht wegstellen oder umbiegen darfst – auch wenn sie noch so sehr im Weg ist.

Bei den jüngeren Altersklassen bis zur E-Jugend (U11) werden »halbe« Ecken von der Strafraumgrenze geschossen.

Ein Eckstoß ist eine gute Möglichkeit ein Tor zu erzielen. Häufig gehen sogar ein oder zwei kopfballstarke Abwehrspieler mit nach vorne. In vielen Mannschaften gibt es einen Eckball-Spezialisten und die meisten trainieren verschiedene Eckstoß-Varianten.

## Das Foul

Beim Fußball ist längst nicht alles erlaubt. So darfst du den Ball nicht mit der Hand berühren – außer du bist der Torwart und befindest dich in deinem Strafraum. Klar, sonst würde das Spiel ja auch »Handball« heißen.
Auch die folgenden Punkte sind nicht erlaubt:

- Du darfst deinen Gegner nicht treten. Selbst der Versuch ist nicht erlaubt!
- Der Schiedsrichter sieht es gar nicht gern, wenn du dem Gegner ein Bein stellst, ihn anrempelst oder stößt.
- Selbstverständlich darfst du den Gegenspieler nicht schlagen oder auch nur versuchen es zu tun.
- Und den Gegner festhalten? Am Trikot ziehen? Ihn anspucken? Beleidigen? Zeit schinden oder den Gegner behindern?

Vergiss es, das ist alles nicht erlaubt! In den Fußball-Regeln heißt das: »Verbotenes Spiel und unsportliches Betragen«. Die Fußballer sagen »Foul« dazu.

In einem Spiel kommt es immer wieder vor, dass jemand ein Foul begeht. Manchmal lässt es sich gar nicht vermeiden und die meisten Fouls geschehen auch nicht mit Absicht. Verboten sind sie trotzdem und werden durch den Schiedsrichter bestraft.

*Erst den Spieler, dann den Ball – das ist ein Foul!*

## Freistoß und Elfmeter

Wenn der Schiedsrichter ein Foul sieht, wird die Mannschaft, die das Foul begangen hat, mit einem Freistoß für den Gegner bestraft. Es gibt drei verschiedene Arten: den direkten Freistoß, den indirekten und den Elfmeter.

*Der direkte Freistoß*

Aus einem direkten Freistoß kann direkt ein Tor erzielt werden. Es muss also kein zweiter Spieler den Ball berühren.

Der Schiedsrichter gibt so einen Freistoß bei einem absichtlichen Handspiel oder wenn der Spieler einen Gegner tritt oder versucht ihn zu treten, wenn er ihn anspringt, rempelt, stößt oder ihm ein Bein stellt. Ebenfalls einen direkten Freistoß gibt es, wenn der Gegner geschlagen, festgehalten oder angespuckt wird.

Bestimmt hast du schon mal bei einem Fußballspiel gesehen, dass ein Spieler den ballführenden Gegner angreift und dabei erst den Gegenspieler und dann den Ball trifft. Welche Strafe verhängt der Schiedsrichter wohl bei so einem Foul? – Richtig, auch einen direkten Freistoß!

*Der indirekte Freistoß*

Der indirekte Freistoß kann nicht direkt verwandelt werden. Das heißt, der Ball muss vorher von einem zweiten Spieler berührt werden. Es ist allerdings egal, ob die eigene Mannschaft oder der Gegner den Ball berührt. Du kannst einen indirekten Freistoß daran erkennen, dass der Schiedsrichter einen Arm so lange hebt, bis ein zweiter Spieler den Ball berührt hat.

*Der Elfmeter*
Wenn ein Foul an einem Angreifer im Strafraum verübt wird, muss der Schiedsrichter statt direktem Freistoß einen Elfmeter geben. Einige Stürmer nutzen das aus und tun so, als seien sie gefoult worden. Das nennt man in der Fußballsprache eine »Schwalbe«. So ein vorgetäuschtes Foul ist ziemlich unfair und hat mit Fußball nichts zu tun. Denn oftmals können die Schiedsrichter nicht erkennen, ob es nun ein Foul war oder nicht. Wenn sie dann einen Elfmeter geben, bestrafen sie eine Mannschaft, die vielleicht nichts getan hat.

**Die gelbe und die rote Karte**

In jedem Fußballspiel passieren Fouls. Die meisten geschehen bestimmt ohne böse Absicht, einfach so, im Eifer des Spiels. Doch in fast jedem Spiel muss der Schiedsrichter Verwarnungen an Spieler erteilen. Dann zeigt der Schiedsrichter dem Spieler, der ein absichtliches oder ein schweres Foul begangen hat, die gelbe Karte. Diese Verwarnung bedeutet so viel wie: »Vorsichtig! So, wie du spielst, ist das nicht in Ordnung. Beim nächsten Foul fliegst du vom Platz!«
Die gelbe Karte kann dir der Schiedsrichter auch zeigen, wenn du immer wieder gegen die Regeln verstößt. Deshalb ist es wichtig, dass du die Fußball-Regeln kennst. Verwarnt wirst du aber auch, wenn du Zeit schindest, den Ball absichtlich wegschießt oder meckerst. Vor allem das Meckern können die Schiedsrichter überhaupt nicht leiden! Genau so wenig wie die so genannte »Rudelbildung«, also wenn sich viele oder gar alle Spieler beider Mannschaften in einem Pulk zusammenrotten. Die gelbe Karte bekommt ein Spieler aber auch zu sehen, wenn er den Abstand bei einem Freistoß oder Eckball nicht einhält oder beim Torjubel das Trikot auszieht. Nicht bestraft wird, wenn er das Trikot nur über den Kopf zieht – es sei denn, der Spieler rennt den Schiedsrichter um, weil er plötzlich nichts mehr sehen kann . . .

Die *rote Karte* bedeutet: Das Spiel ist für dich zu Ende! Ein Spieler wird vom Fußballplatz verwiesen, wenn er gewaltsam spielt, ein brutales Foul begeht, einen anderen Spieler oder den Schiedsrichter beleidigt, schlägt oder anspuckt. Auch anstößige Äußerungen werden mit der roten Karte bestraft, ebenso das Grätschen von hinten in die Beine des Gegners. Hier kann sogar schon die Absicht bestraft werden, selbst wenn sich der gegnerische Spieler gar nicht verletzt.
Seit ein paar Jahren gibt es zudem noch die so genannte *Ampelkarte*. Wenn du schon die gelbe Karte gesehen hast und begehst ein weiteres Foul, für das du erneut mit Gelb bestraft werden müsstest, zeigt der Schiedsrichter dir erst die gelbe und danach die rote Karte. Du fliegst vom Platz und bist automatisch für das nächste Spiel gesperrt.
Bei der roten Karte ist das anders: Über jeden Spieler, der mit einer roten Karte vom Platz gestellt wurde, verhandelt das Sportgericht. Das ist wie bei einem richtigen Gericht, mit einem Ankläger und einem Verteidiger, Zeugen und Richtern. Und wie bei einem richtigen Gericht wird ein Urteil über den »Angeklagten« gefällt – das kann ein Freispruch sein oder in ganz besonders schweren Fällen sogar ein lebenslanges Fußballverbot!

## Die Zeitstrafe

Im Jugendfußball gibt es noch eine zusätzliche Strafe: den Feldverweis auf Zeit. Der Schiedsrichter kann einen Spieler für fünf Minuten vom Platz stellen, wenn eine einfache Verwarnung nicht mehr ausreicht, aber das Foul nicht schlimm genug für eine rote Karte ist. Diese Zeitstrafe kann ein Spieler aber nur ein Mal während eines Spieles bekommen. Lässt er sich danach noch einmal etwas zu Schulden kommen, fliegt er endgültig vom Platz.
Aber das alles muss dir ja nicht passieren. Es gibt Spieler, sogar in der Bundesliga, die sind während ihrer ganzen Laufbahn nie vom Platz gestellt worden. Und das sind bestimmt keine »Weicheier«! Man kann Fußball mit höchstem Einsatz spielen und trotzdem fair bleiben. Das sollte dir doch auch gelingen, oder?!

## Der Freistoß – ein halbes Tor

Viele Fouls passieren in der Nähe der Strafraumgrenze. Die Chance, aus einem direkten Freistoß ein Tor zu erzielen, ist gar nicht so klein. Und selbst aus einem indirekten Freistoß kann eine gefährliche Torsituation entstehen. Der Freistoß zählt zu den Standard-Situationen beim Fußball und sollte deshalb geübt werden.
Jede Fußballmannschaft denkt sich Freistoß-Tricks aus. Man kann den Ball über die Mauer lupfen oder an den Gegnern vorbeischießen. Der Ball kann quer gepasst werden. Oftmals kannst du bei einem Spiel beobachten, dass sich Spieler in die gegnerische Mauer drängen, um dann im letzten Moment zur Seite zu springen und so eine Lücke zu reißen. Allerdings muss dann der Spieler, der den Freistoß schießt, ein wirklich guter Schütze sein, um genau die Lücke zu treffen ...
Übt die Freistoß-Tricks, bis sie wirklich sicher sitzen. Denn ein missglückter Freistoß ist nicht nur peinlich, sondern kann auch für einen gefährlichen Gegenangriff sorgen.

*Dieser Freistoß ist eine sichere Beute des Torwarts.*

Auf der anderen Seite müsst ihr aber auch immer die Freistoß-Abwehr üben. Eine Mauer richtig zu stellen ist gar nicht so einfach. Der Torwart muss freie Sicht auf den Ball haben, um schnell reagieren zu können. Andererseits sollte die Mauer auch einen großen Teil des Tores abdecken.
Das Gute ist, dass ihr Freistoß-Trick und Freistoß-Abwehr in der Mannschaft gleichzeitig trainieren könnt. Die Stürmer und die offensiven Mittelfeldspieler denken sich einen Trick aus und die Abwehr und die defensiven Mittelfeldspieler versuchen ein Freistoßtor zu verhindern.

## Der Elfmeter – ein sicheres Tor?

Der Ball liegt ruhig auf einem Punkt. Der Torwart darf seinen Kasten nicht verlassen. Der Schütze kann sich in aller Seelenruhe die Ecke aussuchen, in die er den Ball schießen will. Und kein Verteidiger darf dazwischenlaufen. Leichter als beim Elfmeter geht es wohl wirklich nicht mehr. Aber warum werden dann so viele Elfer verschossen???

*Ob der Torwart den halten wird? Was meinst du?*

Die Antwort ist eigentlich ganz einfach: Einen Elfmeter zu verwandeln ist eine Sache der Nerven. Wenn du ruhig bleiben kannst, also ganz cool bist beim Anlauf, wird der Ball fast sicher im Netz landen. Es gibt aber viele Spieler, denen beim Elfmeter »die Nerven flattern«. Die sich für keine Ecke entscheiden können. Solche Spieler sollten lieber darauf verzichten, einen Elfer zu schießen. Falls du auch zu diesen Spielern gehörst – mach dir nichts draus. Du kannst nicht alles können.

Wenn du es trotzdem probieren willst: Atme vor dem Anlauf zwei-, dreimal tief durch, damit du dich etwas beruhigst. Suche dir eine Ecke aus und schieße dann auch in diese Ecke. Wenn du es dir beim Anlauf anders überlegst, ist die Gefahr groß, dass du verschießt.

Und wenn du der Torwart bist?

Deine Chance den Ball zu halten ist nicht besonders groß. Wenn du wartest, bist du erkennen kannst, in welche Ecke der Schütze zielt, ist es mit Sicherheit zu spät darauf zu reagieren. Also: Suche dir eine Ecke aus, in die du dich wirfst. Mit etwas Glück ist es die richtige, du hältst den Elfmeter und bist der Held des Spieles!

## Das Abseits

Die meisten Menschen, die sich für Fußball interessieren, halten die Abseits-Regel für die schwierigste aller Regeln. Eingeführt wurde sie, um Spieler davon abzuhalten, sich einfach vor das gegnerische Tor zu stellen und auf den Ball zu warten. Sie ist also ziemlich sinnvoll und gar nicht so schwer zu verstehen. Ganz offiziell lautet sie so:

*»Ein Spieler befindet sich in Abseitsstellung,*

- *wenn er der gegnerischen Torlinie näher ist als der Ball und der vorletzte Abwehrspieler.*

*Ein Spieler befindet sich nicht in einer Abseitsstellung*

- *in seiner eigenen Spielhälfte oder*
- *auf gleicher Höhe mit dem vorletzten Abwehrspieler oder*
- *auf gleicher Höhe mit den beiden letzten Abwehrspielern.«*

Das bedeutet: Wenn du in deiner eigenen Hälfte bist, kannst du schon mal nicht abseits sein. Wenn du in der gegnerischen Hälfte bist, aber noch mindestens zwei Gegner (also zum Beispiel der Torwart und ein Verteidiger) sind zwischen dir und dem gegnerischen Tor, stehst du auch nicht im Abseits. Außerdem kannst du nicht im Abseits sein, wenn dir der Ball direkt aus einem Abstoß, Einwurf oder beim Eckball zugespielt wird. Du bist auch nicht abseits, wenn du zwar in einer Abseitsposition stehst, aber nicht in das Spielgeschehen eingreifst. Die Regel besagt nämlich: »Die Abseitsstellung eines Spielers stellt an sich noch keine Regelübertretung dar.« Wenn du also zum Beispiel gerade zurückläufst, während ein Pass in Richtung des gegnerischen Tores geschlagen wird oder du dich auf der anderen Spielfeldseite befindest und nicht in den Angriff deiner Mannschaft eingreifst, bist zu zwar auch abseits, aber nur passiv! Und das wird nicht bestraft.

Abseits bist du also nur, wenn

- du im Moment der Ballabgabe in der gegnerischen Hälfte bist,
- vor dir nur noch ein oder gar kein Gegner ist,
- du in das Spielgeschehen eingreifst und
- du den Ball nicht direkt aus einem Abstoß, Einwurf oder Eckball bekommst.

Hier siehst du ein paar Beispiele, wie sie in jedem Spiel vorkommen:

A: Spieler der angreifenden Mannschaft
V: Spieler der verteidigenden Mannschaft

**Abseits**
A1 ist mit dem Ball vorgelaufen und gibt ihn an A2 ab. A2 ist abseits, weil er im Augenblick, als der Ball von A1 abgespielt wird, vor dem Ball und näher der gegnerischen Torlinie ist als die beiden letzten Gegenspieler.

**Nicht abseits**
A1 ist in Ballbesitz und spielt ihn, bevor V2 angreifen kann, zu A2 ab. A2 ist nicht abseits, weil er im Augenblick, als A1 den Ball spielte, nicht näher zur gegnerischen Torlinie stand als mindestens zwei seiner Gegner, nämlich V1 und der Torwart.

**Nicht abseits**

A1 spielt den Ball ab, A2 läuft im selben Moment nach vorn und schiebt den Ball ins Tor. A2 ist nicht abseits, denn im Augenblick, als A1 den Ball abspielte, war A2 nicht näher der gegnerischen Torlinie als V1 und V2.

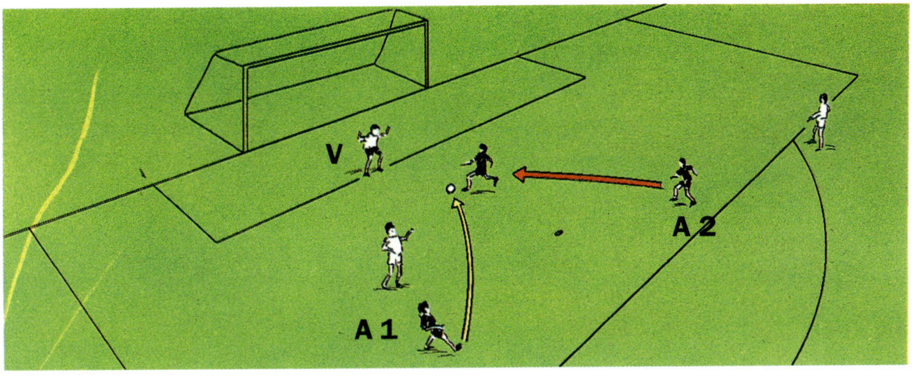


**Nicht abseits**

A1 erzielt ein Tor. A2 befindet sich in Abseitsposition, doch er greift nicht ins Spiel ein; deshalb ist das Tor anzuerkennen.

Du siehst: So schwer ist die Regel eigentlich nicht. Kompliziert wird es nur dadurch, dass normalerweise alle – die Spieler, die Zuschauer, der Schiedsrichter – dahin gucken, wo der Ball ist. Deshalb ist es oft schwer zu beurteilen, ob ein Spieler, der vielleicht zwanzig Meter entfernt steht, in dem Moment der Ballabgabe im Abseits steht. Am besten verlässt du dich darauf: Abseits ist, wenn der Schiedsrichter Abseits pfeift. Denn der hat während eines Fußballspieles sowieso immer Recht!

## Der Schiedsrichter

*»Das war ein tolles Spiel«, sagt ein Zuschauer nach dem Abpfiff zum Schiedsrichter. »Schade, dass Sie es nicht gesehen haben!«*
Solche dummen Witzchen müssen sich an jedem Wochenende viele Schiedsrichter anhören. Dabei hat der »Schiri« einen schweren Job. Er muss das Spiel leiten und in Sekundenschnelle Entscheidungen treffen. Natürlich kommt es vor, dass ein Schiedsrichter falsch entscheidet. Manchmal hat auch ein Schiedsrichter einen rabenschwarzen Tag, an dem alles schief geht und er alles falsch macht. Es ist natürlich blöd, wenn deine Mannschaft dadurch verliert.
Aber auch dann gilt: Der Schiedsrichter hat immer Recht! Das ist zwar nicht demokratisch, aber anders geht es wohl nicht. Bei einem Spiel ohne Schiri würden sich die beiden Mannschaften bestimmt mehr streiten als Fußball spielen!
Und außerdem: Die meisten Schiedsrichter machen ihre Sache gut! Falls du dich während eines Spieles doch mal ungerecht behandelt fühlst – denk dran: Für Meckern gibt es die gelbe Karte! Der einzige Spieler, der während des Spieles mit dem Schiri diskutieren darf, ist der Mannschaftskapitän.

## Die Schiedsrichter-Assistenten

An den Seitenlinien zwischen der Mittellinie und der Torauslinie laufen die Schiedsrichter-Assistenten hin und her. Ihre Aufgabe ist es, in jeweils einer Platzhälfte darauf zu achten, ob der Ball im Seiten- oder Toraus ist und ob ein Spieler im Abseits steht. Darüber hinaus zeigen sie dem Schiedsrichter aber auch durch Schwenken der Fahne an, wenn nicht den Regeln entsprechend gespielt wird. Das können sie übrigens in manchen Situationen besser beurteilen als der Schiri, zum Beispiel bei einer Abseits-Stellung.
Sie machen also eigentlich dasselbe wie der Schiedsrichter, nur nicht auf dem Platz, sondern an den Seitenlinien. Sie helfen dem Schiedsrichter dabei, seinen schweren Job auszuüben.

# Die Spielerpositionen

In den Vereinsmannschaften haben die meisten Spieler ihre feste Position. Als Torwart, Abwehrspieler, im Mittelfeld oder Angriff. Die Fußballer sprechen von »Stammspielern« oder der »Stammelf«. Es ist wichtig, dass möglichst immer die gleichen Spieler auf denselben Positionen eingesetzt werden, damit eine Mannschaft sich aufeinander einspielen kann.
Du solltest im Trainingsspiel ausprobieren, welche Position dir am besten liegt und wo dir das Fußballspielen am meisten Spaß macht, bevor du dich entscheidest. Und keine Sorge: Du musst nicht für immer Verteidiger oder Stürmer bleiben! Wenn dir deine Position keine Freude mehr macht oder du glaubst, dass du auf einer anderen besser bist, kannst du die Position ja wechseln.
Es kann auch passieren, dass schon jemand auf »deiner« Position spielt, der vielleicht sogar besser ist als du. Dann solltest du nicht schmollen oder mit dem Fußballspielen aufhören. Leg dich beim Training richtig ins Zeug, damit du besser wirst als der andere und dir deine Position erkämpfen kannst. Oder suche dir eine andere Position, die auch Spaß macht.

## Der Torwart

Der Torwart hat die Aufgabe Gegentore zu verhindern. Ein Torhüter – oder englisch Keeper – braucht vor allem Sprungvermögen, um auch Schüsse in die Ecke abwehren zu können. Und er muss seine Abwehr dirigieren können, damit die Gegner möglichst gar nicht zum Torschuss kommen.
Ein Keeper braucht Mut, weil er sich in manchen brenzligen Situationen ins Getümmel werfen muss, um einen Ball zu halten. Dafür ist er im Fünf-Meter-Raum, im Torraum, auch besonders geschützt: Angriffe auf den Torhüter sind nicht erlaubt.
Außerdem sollte ein Torwart einen guten Überblick haben, damit er mit

seinen Abstößen und Abwürfen sofort einen eigenen Angriff einleiten kann.
Für den Torhüter ist die Rückpassregel besonders wichtig. Die besagt, dass er den Ball nicht in die Hand nehmen darf, wenn der von einem Mitspieler absichtlich mit dem Fuß zurückgespielt wurde. Auch einen Ball, den er direkt aus einem Einwurf erhalten hat, darf er nicht mit den Händen berühren. Ansonsten gibt es für den Gegner einen indirekten Freistoß.
Einen indirekten Freistoß verursacht ein Torwart auch, wenn er den Ball länger als sechs Sekunden in der Hand behält.
Außerhalb des Strafraums gelten für den Torwart übrigens dieselben Regeln wie für die Feldspieler.

## Die Abwehrspieler

Genau wie der Torwart ist auch die Abwehr vor allem dafür zuständig, Gegentore zu verhindern. Je nach Spielsystem gehören zur Abwehr die Verteidiger, der Libero und die defensiven Mittelfeldspieler.
Die Verteidiger haben die Aufgabe die gegnerischen Angreifer zu decken. Deshalb werden sie auch Manndecker genannt. Ein Spieler, der in der Abwehr spielt, muss sich durchsetzen können. Er darf keine Angst vor einem Zweikampf haben und nicht gleich losjammern, wenn er sich bei einer Grätsche mal ein paar blutige Schrammen holt.
Oft stellen Trainer drei oder vier Verteidiger nebeneinander auf. Mit solchen Dreier- oder Viererketten soll es den Angreifern schwer gemacht werden, bis vors Tor zu kommen.
Der Libero ist der letzte Mann vor dem Torwart. Er steht hinter den Verteidigern und hat keinen direkten Gegenspieler, den er decken muss. Seine Aufgabe ist es die Abwehr zu organisieren und einzugreifen, wenn Not am Mann ist.

*Die Abwehr: Kampf um jeden Zentimenter.*

## Das Mittelfeld

Die Spieler im Mittelfeld haben die Aufgabe zwischen der Abwehr und dem Angriff zu pendeln. Wenn der Gegner im Ballbesitz ist, müssen sie versuchen ihn schon frühzeitig beim Aufbau des Angriffs zu stören. Oder sie müssen zurücklaufen und die Abwehr stärken. Sie helfen aber auch den eigenen Angriff aufzubauen.
Mittelfeldspieler brauchen eine gute Kondition, weil sie während eines Spieles am meisten laufen müssen. Darüber hinaus sollten sie aber auch gute, genaue Pässe schlagen können und sich für Rückpässe oder Doppelpässe anbieten. Und nicht wenige Mittelfeldspieler haben einen starken Schuss, mit dem sie Torschüsse aus der zweiten Reihe wagen können.

## Die Stürmer

Die Angreifer haben vor allem eine Aufgabe: Sie sollen Tore erzielen! Stürmer brauchen einen »Tor-Instinkt«, das heißt, dass sie im Voraus ahnen müssen, wohin der Pass gespielt wird. Ein Bundesliga-Trainer hat einmal gefordert: »Ein guter Stürmer muss dahin gehen, wo es wehtut!« Das bedeutet, dass er alles versuchen muss, um in Ballbesitz zu kommen und irgendwie auf das Tor zu schießen. Er darf sich nicht davon abschrecken lassen, dass die Verteidiger ihm auf den Füßen stehen. Der Stürmer muss sich gegen die Verteidiger durchsetzen können und es hinnehmen, dass Angriffsspieler viel häufiger gefoult werden als andere Spieler. Denn was ist das alles gegen das traumhafte Gefühl den Ball im gegnerischen Tor zu versenken!

*Ein Stürmer steht da, wo es weh tut.*

## Die Ergänzungsspieler

Keiner möchte gerne Auswechselspieler sein. Trotzdem gehören sie zu jeder Mannschaft dazu. Denn jedes gute Team braucht eine starke Auswechselbank. Kaum ein Spiel vergeht, ohne dass eingewechselt wird. Dann muss die Mannschaft sich auf den neuen Mitspieler verlassen können. Die Auswechselspieler sind also ein sehr wichtiger Bestandteil einer jeden Mannschaft. Deshalb setzt sich auch langsam ein neuer Begriff durch: der Ergänzungsspieler – der Spieler, der die Mannschaft ergänzt. Das ist eine schönere und auch zutreffendere Bezeichnung als Auswechselspieler oder gar Ersatzspieler.

# Taktik

Überlegen, planen, analysieren, mitdenken – das alles gehört zur Taktik. Fußball ohne Taktik ist häufig bei der G-Jugend (U7) zu sehen: Die Spieler sind da, wo der Ball ist. Die einzigen, die ihre Position einhalten, sind die Torhüter. Das ist witzig anzusehen und die kleinen Spieler haben bestimmt viel Spaß – doch Fußball geht anders!
Die Taktik einer Mannschaft gibt in der Regel der Trainer vor. Für eine Erfolg versprechende Taktik müssen einige Umstände berücksichtigt werden. Wie stark ist die eigene Leistung? Welche Leistung kann der Gegner bringen? Was will ich erreichen?
Wenn der Tabellenletzte gegen den Spitzenreiter antritt, wird das Schlusslicht vermutlich das Ziel haben ein Unentschieden zu retten. Ein Remis gegen den Tabellenführer wäre ja schon ein Erfolg. Also wird der Tabellenletzte wahrscheinlich mit einer starken Verteidigung ins Spiel gehen, während der Favorit sogar auswärts mit einer offensiven Mannschaft aufläuft.
Wichtig für die Auswahl der Taktik sind aber auch solche Bedingungen wie das Wetter und die Bodenverhältnisse. Wenn es tagelang geregnet hat, ist der Platz wahrscheinlich tief und matschig. Da macht es wenig Sinn, wenn der Trainer die Supertechniker aufstellt. Der Ball ist auf einem matschigen Boden nur schwer zu kontrollieren. Außerdem kostet das Laufen auf einem tiefen Platz viel Kraft. Es ist deshalb besser, wenn Spieler auflaufen, die Ausdauer haben und kämpfen können.
Doch egal, wer aufläuft – wichtig ist, dass sich alle Spieler an die taktische Marschroute des Trainers halten!

*So ist es richtig: Der Trainer erklärt seine Taktik.*

## Spielsysteme

Zur Taktik des Trainers gehört auch die Überlegung, mit welchem System eine Mannschaft spielt. Mit dem Spielsystem wird jedem Spieler seine Position und seine Aufgabe zugeteilt. Sehr beliebt ist das 4-4-2-System. Das heißt: vier Abwehrspieler, vier im Mittelfeld und zwei Angreifer. Doch ein Trainer sollte seine Mannschaft immer so aufstellen, dass die Fähigkeiten jedes einzelnen Spielers genutzt werden können, um den jeweiligen Gegner zu schlagen. Es ist falsch, wenn der Trainer ein »Lieblings-System« hat und versucht seine Spieler auf das System zu trimmen. Ein guter Trainer überlegt sich ein System, das zu jedem einzelnen Spieler passt.

Spielsysteme ändern sich meist von Spiel zu Spiel. Gegen vermeintlich schwächere Gegner wird ein Trainer eine offensive Mannschaft aufstellen und in einem schweren Spiel wird er wahrscheinlich die Abwehr stärken.
Ein Meister der Taktik war der frühere Bundestrainer Sepp Herberger. Bei der WM 1954 in der Schweiz traf Deutschland schon in der Vorrunde auf Ungarn. Das »Wunderteam« galt damals als unschlagbar. Sepp Herberger rechnete aus, dass Deutschland ruhig verlieren konnte, und stellte fast eine komplette Ersatzmannschaft auf. Ungarn gewann mit 8:3. Doch Deutschland hatte zwei Vorteile: Die Stammspieler waren ausgeruhter, weil sie ein Spiel weniger in den Knochen hatten. Und im Endspiel unterschätzten die Ungarn Deutschland wegen des hohen Vorrundensieges. Das Ende ist dir bekannt, oder? Deutschland gewann sensationell mit 3:2 und wurde zum ersten Mal Weltmeister!

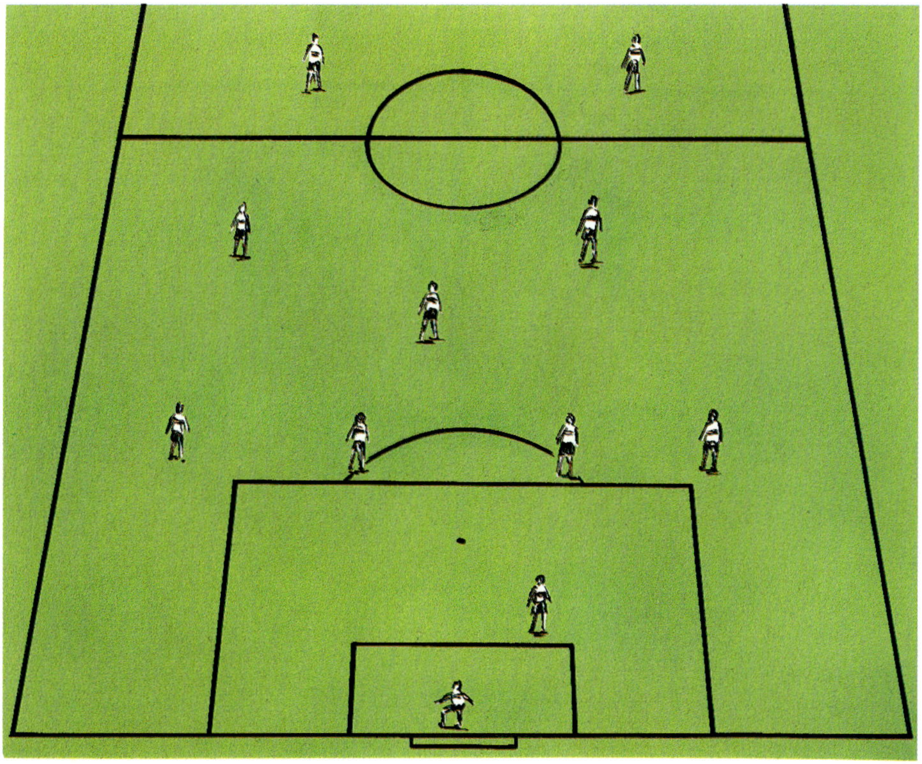

## Catenaccio

Dieser Begriff kommt aus dem Italienischen und bedeutet auf Deutsch so viel wie Riegel. Und tatsächlich spielten italienische Mannschaften viele Jahre lang mit einem kaum zu überwindenden Abwehr-Riegel. Hinter den vier Verteidigern stand noch ein so genannter Ausputzer, der überall dazwischenfunkte, wo es gefährlich wurde. Der Ball wurde einfach nach vorne geschossen. Egal wohin, Hauptsache weg. In der Zeit endeten sehr viele Spiele in der italienischen Meisterschaft 0:0. Wenn eine Mannschaft sehr defensiv eingestellt ist, wenn die Bälle lieber ins Seitenaus geschossen werden anstatt dass die Mannschaft versucht einen eigenen Angriff aufzubauen, spricht man noch heute von Catenaccio. Das ist ein Spielsystem, bei dem die Zuschauer eigentlich Schmerzensgeld kriegen müssten – Spaß macht das Zugucken nämlich nicht!

## Taktische Auswechslungen

Wenn ein Stammspieler einen schlechten Tag hat, ist es besser ihn vom Platz zu nehmen und einem anderen Spieler die Chance zu geben Leistung zu zeigen.
Viele Trainer nehmen in den letzten Spielminuten Spielerwechsel vor. Manchmal, weil die eigene Mannschaft knapp führt und der Trainer Zeit gewinnen will. Die Zeit, die das Auswechseln in Anspruch nimmt, gehört nämlich zur Spielzeit und darf nicht nachgespielt werden.
Genauso wechseln Trainer aber auch aus, wenn die eigene Mannschaft knapp zurückliegt. Meistens wird dann für einen Abwehrspieler ein weiterer Angreifer gebracht. Es ist schließlich egal, ob ein Spiel mit 0:1 oder mit 0:2 verloren geht. Doch auf der anderen Seite erzielen gerade eingewechselte Stürmer mitunter wichtige Tore. Solche Spieler werden in der Fußballsprache übrigens Joker genannt.

## Taktische Tricks

Über Standard-Situationen hast du schon etwas gelesen. Die Art, wie du einen Freistoß, Eckball und sogar einen Einwurf ausführst, hängt auch von der Taktik ab. Von der eigenen – aber auch von der des Gegners.
Wenn dein Gegner große, kopfballstarke Verteidiger in der Abwehr hat, ist es dumm ständig hohe Eckbälle in den Strafraum zu spielen. Die Gefahr, dass der Gegner die Bälle abfängt und einen eigenen Angriff aufbaut, ist zu groß. Zur Taktik gehört es, das zu bemerken und die Eckbälle anders auszuführen. Eine scharfe, halbhohe Flanke würde sich anbieten, weil lange Spieler damit meistens Schwierigkeiten haben.
Taktik ist auch, wenn du bemerkst, dass der gegnerische Torwart Probleme mit flachen Bällen ins linke Eck hat und du künftig versuchst gerade dorthin zu schießen.

*Die Abseitsfalle*

Eine Abseitsfalle aufzubauen ist nicht leicht. Es bedeutet, dass sich die Abwehrspieler gleichzeitig und vor allem rechtzeitig nach vorne bewegen, damit der gegnerische Angreifer beim Zuspiel im Abseits steht. Damit das funktioniert, müssen die Abwehrspieler gut aufeinander eingespielt sein. Eine Abseitsfalle kann nämlich schnell schief gehen. Wenn auch nur ein Spieler nicht aufpasst, ist der Gegner nicht im Abseits und hat freie Bahn aufs Tor.

Übrigens: Zur Taktik gehört auch, wenn sich eine Mannschaft Tricks überlegt, wie eine Abseitsfalle ausgespielt werden kann! Eine gute Möglichkeit ist der Doppelpass. Die Abseitsfalle kannst du aber auch überlisten, indem du den Ball nicht zu einem Mitspieler abgibst, sondern versuchst dich durch die gegnerische Abwehr zu dribbeln.

*Das Pressing*

Manche Teams spielen mit dieser kräftezehrenden, aber Erfolg versprechenden Taktik: Der ballführende Gegner wird schon in seiner Hälfte von zwei oder drei Spielern angegriffen. Die anderen verstellen die Räume und machen es dem Gegner so nahezu unmöglich den Ball abzugeben. Das Pressing ist deshalb so anstrengend, weil stets alle Spieler in Bewegung sind. Allerdings ist die Mannschaft nach einem erfolgreichen Tackling – so wird der Angriff auf den ballführenden Spieler auf Englisch genannt – sofort in der Überzahl. Die Chance auf ein Tor ist also ziemlich groß.

## *Das Kontern*

Um Pressing spielen zu können, müssen die Spieler technisch und taktisch gut sein. Im Gegensatz dazu verlegen sich etwas schwächere Mannschaften gerne auf das Kontern. Das bedeutet, dass dem Gegner das Mittelfeld freiwillig überlassen wird. Zirka 30 Meter vor dem eigenen Tor wird eine erste Abwehr-Reihe aufgebaut, kurz vor dem Strafraum die zweite. Vorne lauert ein Stürmer und in der Nähe der Mittellinie warten zwei oder drei laufstarke Mittelfeldspieler darauf, dass ihre Abwehr den Ball erobert und schnell weiterspielt. Zumeist ist der Gegner weit aufgerückt und kann leicht überrumpelt werden. Eigentlich eine fiese Taktik – aber natürlich erlaubt!
Kontermannschaften sind gefürchtet bei den Fußballspielern. Vielleicht kannst du das nachempfinden: Stell dir vor, du spielst in einer Mannschaft, die drückend überlegen ist. Im Mittelfeld gibt es keine Gegenwehr, doch in der gegnerischen Abwehr ist kein Durchkommen. Deine Mannschaft verliert den Ball. Der Gegner überbrückt mit zwei, drei schnellen Pässen das Mittelfeld und urplötzlich steht es 0:1. Frustrierend, oder? Da rennst du und kämpfst und die anderen machen das Tor! So geht es vielen Fußballern. Und deshalb gewinnen Kontermannschaften auch sehr oft, wenn sie erst einmal in Führung gegangen sind.

# Kleines Fußball-Lexikon

Auf diesen beiden Seiten findest du wichtige Begriffe aus der Fußballsprache, die auf den vorausgegangenen Seiten noch nicht erklärt worden sind.

*Effet:* Der Ball wird beim Schießen nicht in der Mitte getroffen, sondern leicht angeschnitten. Dadurch fliegt der Ball in einer Kurve. Mit Effet kannst du einen Ball zum Beispiel beim Freistoß spielen, um ihn an der Mauer vorbeizuschießen.

*Englische Woche:* Wenn eine Mannschaft innerhalb einer Woche drei Spiele bestreiten muss, nennt man das eine »Englische Woche«.

*Hattrick:* Als einen echten Hattrick bezeichnet man, wenn ein Spieler in ununterbrochener Reihenfolge in einer Halbzeit drei Tore erzielt. Den bislang schnellsten Hattrick aller Zeiten im Dress der deutschen Nationalmannschaft schaffte Oliver Bierhoff im WM-Qualifikationsspiel in Nordirland im August 1997. Innerhalb von nur sechs Minuten erzielte er drei Tore – dabei war er erst kurz vorher eingewechselt worden. Die Nordiren waren sogar mit 1:0 in Führung gegangen, doch das Spiel endete mit 3:1 für Deutschland.

*Manndeckung:* Die Manndeckung ist ein besonderes Abwehrsystem. Dabei ist jeder Abwehrspieler für einen gegnerischen Angreifer zuständig.

*Pressschlag:* Wenn zwei Spieler gleichzeitig gegen den Ball treten, entsteht ein Pressschlag. So ein Ball ist unmöglich zu berechnen, weil er durch den Druck von zwei verschiedenen Seiten mit viel Effet davonfliegt. Zieh deinen Fuß bei einem Pressschlag bloß nicht zurück – das kann höllisch weh tun!

*Raumdeckung:* Die Raumdeckung ist das Gegenstück zur Manndeckung. Jeder Abwehrspieler ist für einen bestimmten Bereich auf dem Platz zuständig. Der Vorteil der Raumdeckung liegt darin, dass die einzelnen Verteidiger nicht so viel laufen müssen, um »ihrem« Stürmer zu folgen, sondern gerade den decken, der sich in ihrem Bereich aufhält. Wenn eine Mannschaft mit Raumdeckung verteidigt, muss sie gut aufeinander eingespielt sein.

*Revanchefoul:* Als Revanchefoul wird bezeichnet, wenn ein gefoulter Spieler sofort zurücktritt und den Gegner auch foult. Ein Revanchefoul zu begehen ist mit das Dümmste, was ein Spieler machen kann. Denn egal, ob es aus Reflex oder aus Wut passiert: Die rote Karte ist dem Sünder sicher!

*Rote Laterne:* Die rote Laterne trägt der Letzte in der Tabelle. Der Begriff wurde früher bei der Eisenbahn verwendet: Damit man sehen konnte, wo der Zug zu Ende war, hing am letzten Wagen eine rote Laterne.

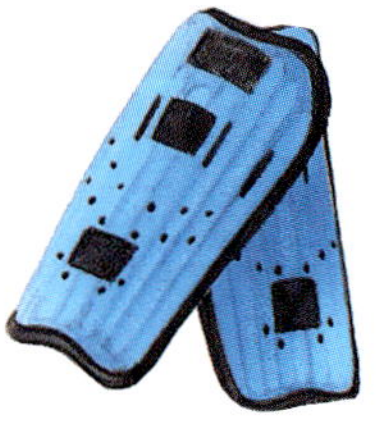

*Schienbeinschützer:* Die Schienbeinschützer gehören zur Ausrüstung der Spieler und müssen angelegt werden. Während des Spieles müssen sie ganz von den Strümpfen bedeckt sein.

*Seitenwahl:* Vor dem Anpfiff bestreiten die beiden Mannschaftskapitäne zusammen mit dem Schiedsrichter die Seitenwahl. Der Schiri wirft eine Münze und der Gewinner darf aussuchen, auf welches Tor seine Mannschaft zuerst spielt. Die Seitenwahl kann manchmal wichtig sein. Bei starkem Wind zum Beispiel ist es gut, zuerst gegen den Wind zu spielen, um in der zweiten Halbzeit, wenn die Kraft sowieso etwas nachlässt, den Wind im Rücken zu haben.
Die Mannschaft, die die Seitenwahl verliert, hat Anstoß.

*Vorteilsregel:* Wenn an einem Spieler einer Mannschaft ein Foul begangen wurde, diese Mannschaft aber in Ballbesitz bleibt und eine gute Chance zu einem Tor hat, kann der Schiedsrichter das Spiel weiterlaufen lassen. Die gelbe oder rote Karte kann der Spieler, der das Foul begangen hat, trotzdem sehen, auch wenn das Spiel nicht unterbrochen wurde.

# Quiz-Show

Hast du Lust dein Wissen über Fußball zu testen? Also los! Wenn du die Kapitel in diesem Buch aufmerksam gelesen hast, fallen dir die Antworten bestimmt nicht schwer. Und wenn´s doch nicht klappt: Die Lösungen findest du auf der letzten Seite. Viel Spaß!

**1** Wie wird die jüngste Altersklasse beim Fußball genannt?

**2** Bis einschließlich welcher Altersklasse können Mädchen und Jungen gemeinsam spielen?

**3** Wozu müssen Fußballer trainieren?
a) Um langsam, aber stetig besser zu werden.
b) Weil der Trainer es so will.
c) Damit die Mannschaft sich aufeinander einspielen kann.

**4** Welche Aussagen sind richtig?
a) Vor dem Spiel muss ich mich aufwärmen, um Verletzungen vorzubeugen.
b) Laufen ist gut, um warm zu werden.
c) Wenn ein Ergänzungsspieler eingewechselt wird, kann er gleich auf den Platz stürmen.

**5** Wie schwer und wie groß darf ein Jugendfußball sein?

**6** Welche Aussagen sind richtig?
a) Ein Fußballer muss so beweglich wie ein Schlangenmensch sein.
b) Mit gymnastischen Übungen wird ein Mensch beweglicher.
c) Beweglichkeit ist wichtig, um schnell reagieren zu können.

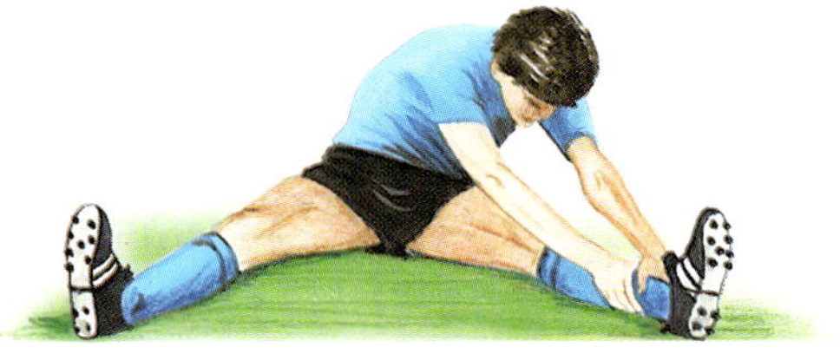

**7** Wie nennt man es, wenn ein Spieler mit dem Ball läuft?

**8** Welchen Stoß machst du, wenn du einen genauen Pass über eine kurze Entfernung spielen willst?

**9** Mit welchen Körperteilen darfst du einen Ball nicht stoppen?

**10** Welche zwei wichtigen Grundregeln gibt es beim Stoppen?

**11** Was sind Standard-Situationen?

**12** Wie lange dauert ein Spiel bei den D-Junioren (U13)?

**13** Kannst du im Abseits sein, wenn du den Ball in der eigenen Hälfte zugespielt bekommst?

**14** Bei einem Einwurf müssen beide Füße hinter der Seitenlinie sein. Stimmt diese Aussage?

**15** Wann entscheidet der Schiedsrichter auf Eckball?

**16** Wie wird ein Spieler bestraft, der seinen Gegner anspuckt?
a) Mit der gelben Karte
b) Mit der roten Karte
c) Mit einem indirekten Freistoß für den Gegner

**17** Was ist der Unterschied zwischen einem direkten und einem indirekten Freistoß?

# Tabellen

### *Weltmeisterschaften*

Seit 1930 wird alle vier Jahre die Fußball-Weltmeisterschaft der Männer ausgetragen. Nur in den Jahren 1942 und 1946 gab es wegen des Zweiten Weltkriegs keine WM. Erst sieben Länder konnten sich als Weltmeister in die Fußball-Geschichtsbücher eintragen. Brasilien ist dabei mit fünf WM-Titeln die erfolgreichste Nation, je drei Mal gewannen Italien und Deutschland ein Endspiel.
Alle bisherigen Weltmeister kamen entweder aus Südamerika oder Europa. Allerdings haben afrikanische Länder wie Nigeria, Kamerun oder der Senegal und auch asiatische Nationen wie Japan in den vergangenen Jahren fußballerisch ziemlich aufgeholt. Während der letzten Weltmeisterschaften boten sie überzeugende Leistungen.

Die nächste WM der Männer findet im Jahr 2006 in Deutschland statt. Das könnte bei den deutschen Fußballfans und Kickern Hoffnungen auf ein erfolgreiches Turnier wecken, denn schon sechs Mal konnte sich die Gastgeber durchsetzen und im eigenen Land Weltmeister werden. 20 Jahre nach Argentinien im Jahr 1978 gelang dies erstmals wieder den Franzosen bei „ihrer" WM 1998. Für das Turnier 2006 ist erstmals der Titelverteidiger nicht automatisch qualifiziert. Nur Deutschland als Gastgeber ist selbstverständlich gesetzt.

Alle vier Jahre wird auch die Frauen-Fußballweltmeisterschaft ausgetragen. Im Gegensatz zu den nicht besonders erfolgreichen Männern sind die Fußballerinen aus den USA fast schon eine Klasse für sich. Schon die erste Weltmeisterschaft im Jahr 1991 in China entschieden sie überlegen zu ihren Gunsten.

### Weltmeister der Frauen

| | | |
|---|---|---|
| 1991: | USA | in China |
| 1995: | Norwegen | in Schweden |
| 1999: | USA | in den USA |
| 2003: | Deutschland | in den USA |

**Weltmeister der Männer**

| | | |
|---|---|---|
| 1930: | Uruguay | in Uruguay |
| 1934: | Italien | in Italien |
| 1938: | Italien | in Frankreich |
| 1950: | Uruguay | in Brasilien |
| 1954: | Deutschland | in der Schweiz |
| 1958: | Brasilien | in Schweden |
| 1962: | Brasilien | in Chile |
| 1966: | England | in England |
| 1970: | Brasilien | in Mexiko |
| 1974: | Deutschland | in Deutschland |
| 1978: | Argentinien | in Argentinien |
| 1982: | Italien | in Spanien |
| 1986: | Argentinien | in Mexiko |
| 1990: | Deutschland | in Italien |
| 1994: | Brasilien | in den USA |
| 1998: | Frankreich | in Frankreich |
| 2002: | Brasilien | in Japan und Südkorea |
| 2006: | ............... | in Deutschland |

**Europameisterschaften**

Genau wie die Weltmeisterschaften werden auch die Europameisterschaften alle vier Jahre ausgetragen, nach einigem anfänglichen Terminwirrwarr inzwischen auch bei den Frauen. Und die deutschen Damen sind in Europa auch sehr erfolgreich. Fünf Mal haben sie die Meisterschaft bereits gewonnen, zuletzt sogar drei Mal in Folge.

Die erste Europameisterschaft der Männer fand 1960 statt. Damals hieß die Meisterschaft noch „Europapokal der Länder“. Viele Nationen hatten die EM anfangs nicht ernst genommen und nahmen nicht teil, zum Beispiel auch Deutschland. Mittlerweile ist Deutschland aber die erfolgreichste Nation: Bei fünf Endspielteilnahmen gewann Deutschland drei Mal den Europameistertitel. Zuletzt 1996 in England, als Oliver Bierhoff mit dem einzigen „Golden Goal“ der Fußballgeschichte den Siegtreffer zum 2:1 in der Verlängerung gegen Tschechien erzielte. Nach der WM 1998 in Frankreich wurde die „Golden-Goal“-Regel wieder abgeschafft.
Die beeindruckendste Leistung vollbrachte aber die dänische Nationalmannschaft bei der EM 1992 in Schweden. Weil Jugoslawien wegen des Bürgerkrieges von der UEFA ausgeschlossen wurde, durfte der eigentlich nicht qualifizier-

te Gruppenzweite Dänemark an der EM teilnehmen. Die Spieler waren aber bereits im Urlaub und mussten aus der ganzen Welt zusammengerufen werden. Ohne Training und kaum vorbereitet traten die Dänen an – und verzauberten die Fans in ganz Europa mit ihrem Spaßfußball. Im Finale spielten sie die favorisierten Deutschen fast in Grund und Boden und gewannen hochverdient mit 2:0!

**Europameister der Frauen**

| | | | |
|---|---|---|---|
| 1984: | Schweden | 1993: | Norwegen |
| 1987: | Norwegen | 1995: | Deutschland |
| 1989: | Deutschland | 1997: | Deutschland |
| 1991: | Deutschland | 2001: | Deutschland |

**Europameister der Männer**

| | | | |
|---|---|---|---|
| 1960: | UdSSR | 1984: | Frankreich |
| 1964: | Spanien | 1988: | Niederlande |
| 1968: | Italien | 1992: | Dänemark |
| 1972: | Deutschland | 1996: | Deutschland |
| 1976: | Tschechoslowakei | 2000: | Frankreich |
| 1980: | Deutschland | 2004: | ................ |

**Nationale Meisterschaften**

Erst in der Saison 1963/64 wurde die deutsche Fußballbundesliga eingeführt. Am Anfang spielten nur sechzehn Vereine um den Meistertitel. Der heutige Rekordmeister FC Bayern München gehörte nicht zu den Vereinen der ersten Stunde. Doch in der zweiten Saison stiegen die Bayern auf und sind seitdem ununterbrochen in der höchsten Spielklasse vertreten.
Als schlechtester Klub der Bundesliga gilt übrigens Tasmania Berlin. Der Verein spielte nur eine Saison in der 1. Liga (1964/65) und stieg nach 34 Spielen mit 8:60 Punkten (damals gab es noch zwei Punkte für einen Sieg) und 15:108 Toren gleich wieder ab.
In der Saison 1997/98 schrieb der 1. FC Kaiserslautern ein tolles Kapitel in der Geschichte des Fußballs: Die Lauterer schafften es als erster und bislang einziger Verein, sofort nach dem Wiederaufstieg in die 1. Bundesliga Deutscher Meister zu werden!

Seit 1974 spielen auch die Frauen um die deutsche Fußballmeisterschaft, doch erst seit der Saison 1997/98 gibt es wie bei den Männern eine eingleisige Bundesliga, allerdings mit nur zwölf Vereinen.

## Meister der DDR

| | |
|---|---|
| 1964: | Chemie Leipzig |
| 1965: | FC Vorwärts Berlin |
| 1966: | FC Vorwärts Berlin |
| 1967: | FC Karl-Marx-Stadt |
| 1968: | FC Carl-Zeiss Jena |
| 1969: | FC Vorwärts Berlin |
| 1970: | FC Carl-Zeiss Jena |
| 1971: | Dynamo Dresden |
| 1972: | Dynamo Berlin |
| 1973: | Dynamo Dresden |
| 1974: | 1. FC Magdeburg |
| 1975: | 1. FC Magdeburg |
| 1976: | Dynamo Dresden |
| 1977: | Dynamo Dresden |
| 1978: | Dynamo Dresden |
| 1979: | Dynamo Berlin |
| 1980: | Dynamo Berlin |
| 1981: | Dynamo Berlin |
| 1982: | Dynamo Berlin |
| 1983: | Dynamo Berlin |
| 1984: | Dynamo Berlin |
| 1985: | Dynamo Berlin |
| 1986: | Dynamo Berlin |
| 1987: | Dynamo Berlin |
| 1988: | Dynamo Berlin |
| 1989: | Dynamo Dresden |
| 1990: | Dynamo Dresden |
| 1991: | Hansa Rostock |

## Deutsche Meister der Frauen

| | |
|---|---|
| 1974: | TuS Wörrstadt |
| 1975: | Bonner SC |
| 1976: | FC Bayern München |
| 1977: | SC Bad Neuenahr |
| 1978: | SSG Bergisch Gladbach |
| 1979: | SSG Bergisch Gladbach |
| 1980: | SSG Bergisch Gladbach |
| 1981: | SSG Bergisch Gladbach |
| 1982: | SSG Bergisch Gladbach |
| 1983: | SSG Bergisch Gladbach |
| 1984: | SSG Bergisch Gladbach |
| 1985: | KBC Duisburg |
| 1986: | FSV Frankfurt |
| 1987: | TSV Siegen |
| 1988: | SSG Bergisch Gladbach |
| 1989: | SSG Bergisch Gladbach |
| 1990: | TSV Siegen |
| 1991: | TSV Siegen |
| 1992: | TSV Siegen |
| 1993: | TuS Niederkirchen |
| 1994: | TSV Siegen |
| 1995: | FSV Frankfurt |
| 1996: | TSV Siegen |
| 1997: | Grün-Weiß Brauweiler |
| 1998: | FSV Frankfurt |
| 1999: | 1. FFC Frankfurt |
| 2000: | FCR Duisburg |
| 2001: | 1. FFC Frankfurt |
| 2002: | 1. FFC Frankfurt |
| 2003: | 1. FFC Frankfurt |
| 2004: | ....................... |

**Deutsche Meister der Männer**

1964: 1. FC Köln
1965: Werder Bremen
1966: TSV 1860 München
1967: Eintracht Braunschweig
1968: 1. FC Nürnberg
1969: FC Bayern München
1970: Borussia Mönchengladbach
1971: Borussia Mönchengladbach
1972: FC Bayern München
1973: FC Bayern München
1974: FC Bayern München
1975: Borussia Mönchengladbach
1976: Borussia Mönchengladbach
1977: Borussia Mönchengladbach
1978: 1. FC Köln
1979: Hamburger SV
1980: FC Bayern München
1981: FC Bayern München
1982: Hamburger SV
1983: Hamburger SV
1984: VfB Stuttgart
1985: FC Bayern München
1986: FC Bayern München
1987: FC Bayern München
1988: Werder Bremen
1989: FC Bayern München
1990: FC Bayern München
1991: 1. FC Kaiserslautern
1992: VfB Stuttgart
1993: Werder Bremen
1994: FC Bayern München
1995: Borussia Dortmund
1996: Borussia Dortmund
1997: FC Bayern München
1998: 1. FC Kaiserslautern
1999: FC Bayern München
2000: FC Bayern München
2001: FC Bayern München
2002: Borussia Dortmund
2003: FC Bayern München
2004: ............................

**Österreich und Schweiz**

In Österreich spielen zehn Teams in der T-Mobile Bundesliga in jeweils zwei Hin- und Rückrunden um die Meisterschaft. Auch in der Schweiz treten in der neu gegründeten Axpo Super League zehn Vereine in einer Doppelrunde gegeneinander an. In den Verbänden beider Länder wird übrigens darüber nachgedacht, ob sie ihre beiden Ligen nicht zusammenlegen sollten, als eine Art „Alpen-Super-League".
Ob die Zusammenarbeit zwischen den Österreichern und den Schweizern reibungslos funktioniert, können die Fußballfans im Sommer 2008 überprüfen. Dann richten die beiden Länder nämlich gemeinsam die 13. Fußball-Europameisterschaft aus!

**Österreichische Meister der Männer**

1964: Rapid Wien
1965: Linzer ASK
1966: Admira Wacker Wien
1967: Rapid Wien
1968: Rapid Wien
1969: Austria Wien
1970: Austria Wien
1971: SSW Innsbruck
1972: SSW Innsbruck
1973: SSW Innsbruck
1974: SK Voest Linz
1975: SSW Innsbruck
1976: FK Austria WAC
1977: SSW Innsbruck
1978: FK Austria Memphis
1979: FK Austria Memphis
1980: FK Austria Memphis
1981: FK Austria Memphis
1982: SK Rapid Wien
1983: SK Rapid Wien
1984: FK Austria Memphis
1985: FK Austria Memphis
1986: FK Austria Memphis
1987: SK Rapid Wien
1988: SK Rapid Wien
1989: FC Swarowski Tirol
1990: FC Swarowski Tirol
1991: FK Austria Memphis
1992: FK Austria Memphis
1993: FK Austria Memphis
1994: SV Casino Salzburg
1995: SV Casino Salzburg
1996: SK Rapid Wien
1997: SV Casino Salzburg
1998: SK Puntigamer Sturm Graz
1999: SK Puntigamer Sturm Graz
2000: FC Tirol Milch Innsbruck
2001: FC Tirol Milch Innsbruck
2002: FC Tirol Innsbruck
2003: FK Austria Memphis Magna
2004: ..................................

**Schweizer Meister der Männer**

1964: FC La Chaux-de-Fonds
1965: Lausanne Sports
1966: FC Zürich
1967: FC Basel
1968: FC Zürich
1969: FC Basel
1970: FC Basel
1971: Grasshopper Zürich
1972: FC Basel
1973: FC Basel
1974: FC Zürich
1975: FC Zürich
1976: FC Zürich
1977: FC Basel
1978: Grasshoppper Zürich
1979: Servette Genf
1980: FC Basel
1981: FC Zürich
1982: Grasshopper Zürich
1983: Grasshopper Zürich
1984: Grasshopper Zürich
1985: Servette Genf
1986: Young Boys Bern
1987: Xamax Neuchâtel
1988: Xamax Neuchâtel
1989: FC Luzern
1990: Grasshopper Zürich
1991: Grasshopper Zürich
1992: FC Sion
1993: FC Aarau
1994: Servette Genf
1995: Grasshopper Zürich
1996: Grasshopper Zürich
1997: FC Sion
1998: Grasshopper Zürich
1999: Servette Genf
2000: FC St. Gallen
2001: Grasshopper Zürich
2002: FC Basel
2003: Grasshopper Zürich
2004: ............................

# Quiz-Show – Die Auflösungen

**1** G-Jugend (U7) oder »Bambini«

**2** Bis zur D-Jugend (U13)

**3** Lösungen a und c sind richtig.

**4** Lösungen a und b sind richtig.

**5** Ein Jugendfußball wiegt zwischen 350 und 390 Gramm und hat einen Umfang von 63,5 bis 66 Zentimeter.

**6** Lösungen b und c sind richtig.

**7** Dribbling

**8** Einen Innenseitstoß

**9** Mit der Hand und mit dem Arm – außer du bist der Torwart.

**10** a) Geh dem Ball entgegen.
b) Lass den Ball nicht zu weit von dir wegspringen.

**11** Freistöße, Einwürfe und Eckbälle sind Standard-Situationen.

**12** 2 x 30 Minuten

**13** Nein, die Abseits-Regel gilt nur in der gegnerischen Hälfte.

**14** Nein, die Füße dürfen auch die Seitenlinie berühren.

**15** Wenn der Ball die Torauslinie überquert und die verteidigende Mannschaft den Ball zuletzt berührt hat.

**16** Mit der roten Karte. Zusätzlich gibt es einen direkten Freistoß oder, wenn das Foul im Strafraum geschieht, einen Elfmeter.

**17** Ein direkter Freistoß kann direkt ins Tor verwandelt werden, ein indirekter Freistoß muss vorher von einem weiteren Spieler berührt werden.

**Wertung:**

| | |
|---|---|
| **Bei 15 – 17 richtigen Antworten:** | **Champions League** |
| **12 – 14 richtige Antworten:** | **UEFA-CUP-Rang** |
| **8 – 11 richtige Antworten:** | **Bundesliga-Mittelfeld** |
| **3 – 7 richtige Antworten:** | **Abstiegszone** |
| **Weniger als 3 richtige Antworten:** | **Das kann ich mir nicht vorstellen!** |